THIS PLANNER

Belongs To:

Daily Planners Sheets to write:
-To-Do-Lists
-Meal Plan
-Water Intake
-WOD
-Game and Practice Times
-Notes

court
rebound
team slam dunk block
basketball foul shot
court fear none basketball
assist free throw jump shot
block basketball net
dribble
drive jump shot slam dunk slam dunk dribble
free throw SCORE assist
net team free throw jump shot
rebound foul shot play
fear none SCORE drive dribble
net assist
assist play
foul shot
block
court SCORE drive
play slam dunk
SCORE foul shot play
court basketball
play foul shot
court
fear none jump shot
team
net
rebound
block
drive
team
rebound
dribble

EAT WELL
MOVE DAILY
HYDRATE OFTEN
SLEEP LOTS
LOVE YOURSELF
REPEAT FOR LIFE

DAILY PLANNER

DATE

TO-DO

- [ ]
- [ ]
- [ ]
- [ ]
- [ ]
- [ ]
- [ ]
- [ ]
- [ ]
- [ ]
- [ ]
- [ ]
- [ ]
- [ ]
- [ ]
- [ ]
- [ ]
- [ ]
- [ ]
- [ ]

MEAL PLAN

WORKOUT

WATER ☐☐☐☐☐☐☐☐

TIME   APPOINTMENTS

NOTES

DAILY PLANNER

DATE

TO-DO

- [ ]
- [ ]
- [ ]
- [ ]
- [ ]
- [ ]
- [ ]
- [ ]
- [ ]
- [ ]
- [ ]
- [ ]
- [ ]
- [ ]
- [ ]
- [ ]
- [ ]
- [ ]
- [ ]
- [ ]

MEAL PLAN

WORKOUT

WATER ☐ ☐ ☐ ☐ ☐ ☐ ☐ ☐

TIME   APPOINTMENTS

NOTES

DAILY PLANNER

DATE

TO-DO

- ☐
- ☐
- ☐
- ☐
- ☐
- ☐
- ☐
- ☐
- ☐
- ☐
- ☐
- ☐
- ☐
- ☐
- ☐
- ☐
- ☐
- ☐
- ☐

MEAL PLAN

WORKOUT

WATER ☐☐☐☐☐☐☐☐

TIME	APPOINTMENTS

NOTES

_____

_____

_____

_____

_____

_____

_____

_____

_____

_____

_____

_____

_____

_____

_____

_____

DAILY PLANNER

DATE

TO-DO

- [ ]
- [ ]
- [ ]
- [ ]
- [ ]
- [ ]
- [ ]
- [ ]
- [ ]
- [ ]
- [ ]
- [ ]
- [ ]
- [ ]
- [ ]
- [ ]
- [ ]
- [ ]
- [ ]

TIME   APPOINTMENTS

MEAL PLAN

WORKOUT

WATER ☐☐☐☐☐☐☐☐

NOTES

DAILY PLANNER

DATE

TO-DO

☐ _____
☐ _____
☐ _____
☐ _____
☐ _____
☐ _____
☐ _____
☐ _____
☐ _____
☐ _____
☐ _____
☐ _____
☐ _____
☐ _____
☐ _____
☐ _____
☐ _____
☐ _____
☐ _____
☐ _____

MEAL PLAN

WORKOUT

WATER ☐☐☐☐☐☐☐☐

TIME   APPOINTMENTS

NOTES

DAILY PLANNER

DATE

TO-DO

☐ _____
☐ _____
☐ _____
☐ _____
☐ _____
☐ _____
☐ _____
☐ _____
☐ _____
☐ _____
☐ _____
☐ _____
☐ _____
☐ _____
☐ _____
☐ _____
☐ _____
☐ _____
☐ _____

MEAL PLAN

WORKOUT

WATER ☐☐☐☐☐☐☐☐

TIME   APPOINTMENTS

NOTES

DAILY PLANNER

DATE

TO-DO

- [ ]
- [ ]
- [ ]
- [ ]
- [ ]
- [ ]
- [ ]
- [ ]
- [ ]
- [ ]
- [ ]
- [ ]
- [ ]
- [ ]
- [ ]
- [ ]
- [ ]
- [ ]
- [ ]
- [ ]

MEAL PLAN

WORKOUT

WATER ☐☐☐☐☐☐☐☐

TIME   APPOINTMENTS

NOTES

DAILY PLANNER

DATE

TO-DO

- ☐
- ☐
- ☐
- ☐
- ☐
- ☐
- ☐
- ☐
- ☐
- ☐
- ☐
- ☐
- ☐
- ☐
- ☐
- ☐
- ☐
- ☐
- ☐
- ☐

TIME   APPOINTMENTS

MEAL PLAN

WORKOUT

WATER ☐☐☐☐☐☐☐☐

NOTES

DAILY PLANNER

DATE

TO-DO

- ☐
- ☐
- ☐
- ☐
- ☐
- ☐
- ☐
- ☐
- ☐
- ☐
- ☐
- ☐
- ☐
- ☐
- ☐
- ☐
- ☐
- ☐
- ☐
- ☐

MEAL PLAN

WORKOUT

WATER ☐☐☐☐☐☐☐☐

TIME   APPOINTMENTS

NOTES

DAILY PLANNER

DATE

TO-DO

- ☐
- ☐
- ☐
- ☐
- ☐
- ☐
- ☐
- ☐
- ☐
- ☐
- ☐
- ☐
- ☐
- ☐
- ☐
- ☐
- ☐
- ☐
- ☐

MEAL PLAN

WORKOUT

WATER ☐☐☐☐☐☐☐☐

TIME   APPOINTMENTS

NOTES

DAILY PLANNER

DATE

TO-DO

- ☐ _____
- ☐ _____
- ☐ _____
- ☐ _____
- ☐ _____
- ☐ _____
- ☐ _____
- ☐ _____
- ☐ _____
- ☐ _____
- ☐ _____
- ☐ _____
- ☐ _____
- ☐ _____
- ☐ _____
- ☐ _____
- ☐ _____
- ☐ _____
- ☐ _____

MEAL PLAN

WORKOUT

WATER ☐☐☐☐☐☐☐☐

TIME	APPOINTMENTS

NOTES

DAILY PLANNER

DATE

TO-DO

- ☐
- ☐
- ☐
- ☐
- ☐
- ☐
- ☐
- ☐
- ☐
- ☐
- ☐
- ☐
- ☐
- ☐
- ☐
- ☐
- ☐
- ☐
- ☐
- ☐

MEAL PLAN

WORKOUT

WATER ☐☐☐☐☐☐☐☐

TIME   APPOINTMENTS

NOTES

DAILY PLANNER

DATE

TO-DO

- ☐ _____
- ☐ _____
- ☐ _____
- ☐ _____
- ☐ _____
- ☐ _____
- ☐ _____
- ☐ _____
- ☐ _____
- ☐ _____
- ☐ _____
- ☐ _____
- ☐ _____
- ☐ _____
- ☐ _____
- ☐ _____
- ☐ _____
- ☐ _____
- ☐ _____
- ☐ _____

MEAL PLAN

WORKOUT

WATER ☐☐☐☐☐☐☐☐

TIME   APPOINTMENTS

NOTES

DAILY PLANNER

DATE

TO-DO

- ☐
- ☐
- ☐
- ☐
- ☐
- ☐
- ☐
- ☐
- ☐
- ☐
- ☐
- ☐
- ☐
- ☐
- ☐
- ☐
- ☐
- ☐
- ☐
- ☐

MEAL PLAN

WORKOUT

WATER ☐☐☐☐☐☐☐☐

TIME   APPOINTMENTS

NOTES

DAILY PLANNER

DATE

TO-DO

- ☐ _____
- ☐ _____
- ☐ _____
- ☐ _____
- ☐ _____
- ☐ _____
- ☐ _____
- ☐ _____
- ☐ _____
- ☐ _____
- ☐ _____
- ☐ _____
- ☐ _____
- ☐ _____
- ☐ _____
- ☐ _____
- ☐ _____
- ☐ _____
- ☐ _____
- ☐ _____

TIME   APPOINTMENTS

MEAL PLAN

WORKOUT

WATER ☐☐☐☐☐☐☐☐

NOTES

DAILY PLANNER

DATE

TO-DO

- ☐
- ☐
- ☐
- ☐
- ☐
- ☐
- ☐
- ☐
- ☐
- ☐
- ☐
- ☐
- ☐
- ☐
- ☐
- ☐
- ☐
- ☐
- ☐
- ☐

MEAL PLAN

WORKOUT

WATER ☐☐☐☐☐☐☐☐

TIME   APPOINTMENTS

NOTES

DAILY PLANNER

DATE

TO-DO

☐ _____
☐ _____
☐ _____
☐ _____
☐ _____
☐ _____
☐ _____
☐ _____
☐ _____
☐ _____
☐ _____
☐ _____
☐ _____
☐ _____
☐ _____
☐ _____
☐ _____
☐ _____
☐ _____

MEAL PLAN

WORKOUT

WATER ☐☐☐☐☐☐☐☐

TIME   APPOINTMENTS

NOTES

DAILY PLANNER

DATE

TO-DO

- ☐
- ☐
- ☐
- ☐
- ☐
- ☐
- ☐
- ☐
- ☐
- ☐
- ☐
- ☐
- ☐
- ☐
- ☐
- ☐
- ☐
- ☐
- ☐
- ☐

MEAL PLAN

WORKOUT

WATER ☐☐☐☐☐☐☐☐

TIME   APPOINTMENTS

NOTES

DAILY PLANNER

DATE

TO-DO

- ☐
- ☐
- ☐
- ☐
- ☐
- ☐
- ☐
- ☐
- ☐
- ☐
- ☐
- ☐
- ☐
- ☐
- ☐
- ☐
- ☐
- ☐
- ☐
- ☐

MEAL PLAN

WORKOUT

WATER ☐☐☐☐☐☐☐☐

TIME   APPOINTMENTS

NOTES

DAILY PLANNER

DATE

TO-DO

- [ ]
- [ ]
- [ ]
- [ ]
- [ ]
- [ ]
- [ ]
- [ ]
- [ ]
- [ ]
- [ ]
- [ ]
- [ ]
- [ ]
- [ ]
- [ ]
- [ ]
- [ ]
- [ ]
- [ ]

TIME   APPOINTMENTS

MEAL PLAN

WORKOUT

WATER ☐ ☐ ☐ ☐ ☐ ☐ ☐ ☐

NOTES

DAILY PLANNER

DATE

TO-DO

- ☐ _____
- ☐ _____
- ☐ _____
- ☐ _____
- ☐ _____
- ☐ _____
- ☐ _____
- ☐ _____
- ☐ _____
- ☐ _____
- ☐ _____
- ☐ _____
- ☐ _____
- ☐ _____
- ☐ _____
- ☐ _____
- ☐ _____
- ☐ _____
- ☐ _____
- ☐ _____

MEAL PLAN

WORKOUT

WATER ☐ ☐ ☐ ☐ ☐ ☐ ☐ ☐

TIME   APPOINTMENTS

NOTES

DAILY PLANNER

DATE

TO-DO

☐
☐
☐
☐
☐
☐
☐
☐
☐
☐
☐
☐
☐
☐
☐
☐
☐
☐
☐
☐
☐

TIME   APPOINTMENTS

MEAL PLAN

WORKOUT

WATER ☐☐☐☐☐☐☐☐

NOTES

DAILY PLANNER

DATE

TO-DO

☐
☐
☐
☐
☐
☐
☐
☐
☐
☐
☐
☐
☐
☐
☐
☐
☐
☐
☐
☐

TIME   APPOINTMENTS

MEAL PLAN

WORKOUT

WATER ☐☐☐☐☐☐☐☐

NOTES

DAILY PLANNER

DATE

TO-DO

- ☐
- ☐
- ☐
- ☐
- ☐
- ☐
- ☐
- ☐
- ☐
- ☐
- ☐
- ☐
- ☐
- ☐
- ☐
- ☐
- ☐
- ☐
- ☐
- ☐

MEAL PLAN

WORKOUT

WATER ☐☐☐☐☐☐☐☐

TIME   APPOINTMENTS

NOTES

DAILY PLANNER

DATE

TO-DO

- ☐ _____
- ☐ _____
- ☐ _____
- ☐ _____
- ☐ _____
- ☐ _____
- ☐ _____
- ☐ _____
- ☐ _____
- ☐ _____
- ☐ _____
- ☐ _____
- ☐ _____
- ☐ _____
- ☐ _____
- ☐ _____
- ☐ _____
- ☐ _____
- ☐ _____
- ☐ _____

MEAL PLAN

WORKOUT

WATER ☐☐☐☐☐☐☐☐

TIME   APPOINTMENTS

NOTES

DAILY PLANNER

DATE

TO-DO

- [ ]
- [ ]
- [ ]
- [ ]
- [ ]
- [ ]
- [ ]
- [ ]
- [ ]
- [ ]
- [ ]
- [ ]
- [ ]
- [ ]
- [ ]
- [ ]
- [ ]
- [ ]
- [ ]
- [ ]

MEAL PLAN

WORKOUT

WATER ☐☐☐☐☐☐☐☐

TIME	APPOINTMENTS

NOTES

DAILY PLANNER

DATE

TO-DO

- ☐
- ☐
- ☐
- ☐
- ☐
- ☐
- ☐
- ☐
- ☐
- ☐
- ☐
- ☐
- ☐
- ☐
- ☐
- ☐
- ☐
- ☐
- ☐
- ☐

MEAL PLAN

WORKOUT

WATER ☐☐☐☐☐☐☐☐

TIME   APPOINTMENTS

NOTES

DAILY PLANNER

DATE

TO-DO

☐ _____
☐ _____
☐ _____
☐ _____
☐ _____
☐ _____
☐ _____
☐ _____
☐ _____
☐ _____
☐ _____
☐ _____
☐ _____
☐ _____
☐ _____
☐ _____
☐ _____
☐ _____
☐ _____
☐ _____

MEAL PLAN

WORKOUT

WATER ☐☐☐☐☐☐☐☐

TIME   APPOINTMENTS

NOTES

DAILY PLANNER

DATE

TO-DO

- ☐
- ☐
- ☐
- ☐
- ☐
- ☐
- ☐
- ☐
- ☐
- ☐
- ☐
- ☐
- ☐
- ☐
- ☐
- ☐
- ☐
- ☐
- ☐
- ☐

TIME APPOINTMENTS

MEAL PLAN

WORKOUT

WATER ☐☐☐☐☐☐☐☐

NOTES

DAILY PLANNER

DATE

TO-DO

- [ ]
- [ ]
- [ ]
- [ ]
- [ ]
- [ ]
- [ ]
- [ ]
- [ ]
- [ ]
- [ ]
- [ ]
- [ ]
- [ ]
- [ ]
- [ ]
- [ ]
- [ ]
- [ ]
- [ ]

MEAL PLAN

WORKOUT

WATER ☐☐☐☐☐☐☐☐

TIME   APPOINTMENTS

NOTES

DATE

TO-DO

- ☐
- ☐
- ☐
- ☐
- ☐
- ☐
- ☐
- ☐
- ☐
- ☐
- ☐
- ☐
- ☐
- ☐
- ☐
- ☐
- ☐
- ☐
- ☐
- ☐

MEAL PLAN

WORKOUT

WATER ☐☐☐☐☐☐☐☐

TIME   APPOINTMENTS

NOTES

DAILY PLANNER

DATE

TO-DO

- ☐
- ☐
- ☐
- ☐
- ☐
- ☐
- ☐
- ☐
- ☐
- ☐
- ☐
- ☐
- ☐
- ☐
- ☐
- ☐
- ☐
- ☐
- ☐
- ☐

MEAL PLAN

WORKOUT

WATER ☐☐☐☐☐☐☐☐

TIME   APPOINTMENTS

NOTES

DAILY PLANNER

DATE

TO-DO

- ☐
- ☐
- ☐
- ☐
- ☐
- ☐
- ☐
- ☐
- ☐
- ☐
- ☐
- ☐
- ☐
- ☐
- ☐
- ☐
- ☐
- ☐
- ☐
- ☐

MEAL PLAN

WORKOUT

WATER ☐☐☐☐☐☐☐☐

TIME	APPOINTMENTS

NOTES

DAILY PLANNER

DATE

TO-DO

- ☐
- ☐
- ☐
- ☐
- ☐
- ☐
- ☐
- ☐
- ☐
- ☐
- ☐
- ☐
- ☐
- ☐
- ☐
- ☐
- ☐
- ☐
- ☐
- ☐

TIME   APPOINTMENTS

MEAL PLAN

WORKOUT

WATER ☐☐☐☐☐☐☐☐

NOTES

DAILY PLANNER

DATE

TO-DO

- ☐ _____
- ☐ _____
- ☐ _____
- ☐ _____
- ☐ _____
- ☐ _____
- ☐ _____
- ☐ _____
- ☐ _____
- ☐ _____
- ☐ _____
- ☐ _____
- ☐ _____
- ☐ _____
- ☐ _____
- ☐ _____
- ☐ _____
- ☐ _____
- ☐ _____
- ☐ _____

MEAL PLAN

WORKOUT

WATER ☐☐☐☐☐☐☐☐

TIME   APPOINTMENTS

NOTES

DAILY PLANNER

DATE

TO-DO

- ☐ _____
- ☐ _____
- ☐ _____
- ☐ _____
- ☐ _____
- ☐ _____
- ☐ _____
- ☐ _____
- ☐ _____
- ☐ _____
- ☐ _____
- ☐ _____
- ☐ _____
- ☐ _____
- ☐ _____
- ☐ _____
- ☐ _____
- ☐ _____
- ☐ _____

MEAL PLAN

WORKOUT

WATER ☐ ☐ ☐ ☐ ☐ ☐ ☐ ☐

TIME   APPOINTMENTS

NOTES

DAILY PLANNER

DATE

TO-DO

- ☐
- ☐
- ☐
- ☐
- ☐
- ☐
- ☐
- ☐
- ☐
- ☐
- ☐
- ☐
- ☐
- ☐
- ☐
- ☐
- ☐
- ☐
- ☐
- ☐

TIME   APPOINTMENTS

MEAL PLAN

WORKOUT

WATER ☐☐☐☐☐☐☐☐

NOTES

DAILY PLANNER

DATE

TO-DO

- ☐
- ☐
- ☐
- ☐
- ☐
- ☐
- ☐
- ☐
- ☐
- ☐
- ☐
- ☐
- ☐
- ☐
- ☐
- ☐
- ☐
- ☐
- ☐
- ☐

TIME   APPOINTMENTS

MEAL PLAN

WORKOUT

WATER ☐☐☐☐☐☐☐☐

NOTES

DAILY PLANNER

DATE

TO-DO

- ☐
- ☐
- ☐
- ☐
- ☐
- ☐
- ☐
- ☐
- ☐
- ☐
- ☐
- ☐
- ☐
- ☐
- ☐
- ☐
- ☐
- ☐
- ☐
- ☐

MEAL PLAN

WORKOUT

WATER ☐☐☐☐☐☐☐☐

TIME   APPOINTMENTS

NOTES

DAILY PLANNER

DATE

TO-DO

- ☐ _____
- ☐ _____
- ☐ _____
- ☐ _____
- ☐ _____
- ☐ _____
- ☐ _____
- ☐ _____
- ☐ _____
- ☐ _____
- ☐ _____
- ☐ _____
- ☐ _____
- ☐ _____
- ☐ _____
- ☐ _____
- ☐ _____
- ☐ _____
- ☐ _____
- ☐ _____

MEAL PLAN

WORKOUT

WATER ☐☐☐☐☐☐☐☐

TIME   APPOINTMENTS

NOTES

DAILY PLANNER

DATE

TO-DO

- ☐ _____
- ☐ _____
- ☐ _____
- ☐ _____
- ☐ _____
- ☐ _____
- ☐ _____
- ☐ _____
- ☐ _____
- ☐ _____
- ☐ _____
- ☐ _____
- ☐ _____
- ☐ _____
- ☐ _____
- ☐ _____
- ☐ _____
- ☐ _____
- ☐ _____
- ☐ _____

MEAL PLAN

WORKOUT

WATER ☐☐☐☐☐☐☐☐

TIME   APPOINTMENTS

NOTES

DAILY PLANNER

DATE

TO-DO

- ☐
- ☐
- ☐
- ☐
- ☐
- ☐
- ☐
- ☐
- ☐
- ☐
- ☐
- ☐
- ☐
- ☐
- ☐
- ☐
- ☐
- ☐
- ☐
- ☐

MEAL PLAN

WORKOUT

WATER ☐☐☐☐☐☐☐☐

TIME   APPOINTMENTS

NOTES

DAILY PLANNER

DATE

TO-DO

- ☐
- ☐
- ☐
- ☐
- ☐
- ☐
- ☐
- ☐
- ☐
- ☐
- ☐
- ☐
- ☐
- ☐
- ☐
- ☐
- ☐
- ☐
- ☐
- ☐

MEAL PLAN

WORKOUT

WATER ☐☐☐☐☐☐☐☐

TIME   APPOINTMENTS

NOTES

DAILY PLANNER

DATE

TO-DO

- ☐
- ☐
- ☐
- ☐
- ☐
- ☐
- ☐
- ☐
- ☐
- ☐
- ☐
- ☐
- ☐
- ☐
- ☐
- ☐
- ☐
- ☐
- ☐
- ☐

MEAL PLAN

WORKOUT

WATER ☐☐☐☐☐☐☐☐

TIME   APPOINTMENTS

NOTES

DAILY PLANNER

DATE

TO-DO

- ☐
- ☐
- ☐
- ☐
- ☐
- ☐
- ☐
- ☐
- ☐
- ☐
- ☐
- ☐
- ☐
- ☐
- ☐
- ☐
- ☐
- ☐
- ☐
- ☐

MEAL PLAN

WORKOUT

WATER ☐☐☐☐☐☐☐☐

TIME   APPOINTMENTS

NOTES

DAILY PLANNER

DATE

TO-DO

- ☐
- ☐
- ☐
- ☐
- ☐
- ☐
- ☐
- ☐
- ☐
- ☐
- ☐
- ☐
- ☐
- ☐
- ☐
- ☐
- ☐
- ☐
- ☐
- ☐

MEAL PLAN

WORKOUT

WATER ☐☐☐☐☐☐☐☐

TIME   APPOINTMENTS

NOTES

DAILY PLANNER

DATE

TO-DO

- ☐
- ☐
- ☐
- ☐
- ☐
- ☐
- ☐
- ☐
- ☐
- ☐
- ☐
- ☐
- ☐
- ☐
- ☐
- ☐
- ☐
- ☐
- ☐
- ☐

MEAL PLAN

WORKOUT

WATER ☐☐☐☐☐☐☐☐

TIME   APPOINTMENTS

NOTES

DAILY PLANNER

DATE

TO-DO

☐
☐
☐
☐
☐
☐
☐
☐
☐
☐
☐
☐
☐
☐
☐
☐
☐
☐
☐

MEAL PLAN

WORKOUT

WATER ☐☐☐☐☐☐☐☐

TIME   APPOINTMENTS

NOTES

DAILY PLANNER

DATE

TO-DO

- ☐
- ☐
- ☐
- ☐
- ☐
- ☐
- ☐
- ☐
- ☐
- ☐
- ☐
- ☐
- ☐
- ☐
- ☐
- ☐
- ☐
- ☐
- ☐
- ☐

MEAL PLAN

WORKOUT

WATER ☐☐☐☐☐☐☐☐

TIME   APPOINTMENTS

NOTES

DAILY PLANNER

DATE

TO-DO

- ☐
- ☐
- ☐
- ☐
- ☐
- ☐
- ☐
- ☐
- ☐
- ☐
- ☐
- ☐
- ☐
- ☐
- ☐
- ☐
- ☐
- ☐
- ☐
- ☐

TIME   APPOINTMENTS

MEAL PLAN

WORKOUT

WATER ☐☐☐☐☐☐☐☐

NOTES

DAILY PLANNER

DATE

TO-DO

- ☐
- ☐
- ☐
- ☐
- ☐
- ☐
- ☐
- ☐
- ☐
- ☐
- ☐
- ☐
- ☐
- ☐
- ☐
- ☐
- ☐
- ☐
- ☐

MEAL PLAN

WORKOUT

WATER ☐☐☐☐☐☐☐☐

TIME   APPOINTMENTS

NOTES

DAILY PLANNER

DATE

TO-DO

- ☐
- ☐
- ☐
- ☐
- ☐
- ☐
- ☐
- ☐
- ☐
- ☐
- ☐
- ☐
- ☐
- ☐
- ☐
- ☐
- ☐
- ☐
- ☐
- ☐

MEAL PLAN

WORKOUT

WATER ☐☐☐☐☐☐☐☐

TIME   APPOINTMENTS

NOTES

DAILY PLANNER

DATE

TO-DO

- ☐
- ☐
- ☐
- ☐
- ☐
- ☐
- ☐
- ☐
- ☐
- ☐
- ☐
- ☐
- ☐
- ☐
- ☐
- ☐
- ☐
- ☐
- ☐
- ☐

TIME   APPOINTMENTS

MEAL PLAN

WORKOUT

WATER ☐ ☐ ☐ ☐ ☐ ☐ ☐ ☐

NOTES

DAILY PLANNER

DATE

TO-DO

- [ ]
- [ ]
- [ ]
- [ ]
- [ ]
- [ ]
- [ ]
- [ ]
- [ ]
- [ ]
- [ ]
- [ ]
- [ ]
- [ ]
- [ ]
- [ ]
- [ ]
- [ ]
- [ ]
- [ ]

MEAL PLAN

WORKOUT

WATER ☐ ☐ ☐ ☐ ☐ ☐ ☐ ☐

TIME   APPOINTMENTS

NOTES

DAILY PLANNER

DATE

TO-DO

- [ ]
- [ ]
- [ ]
- [ ]
- [ ]
- [ ]
- [ ]
- [ ]
- [ ]
- [ ]
- [ ]
- [ ]
- [ ]
- [ ]
- [ ]
- [ ]
- [ ]
- [ ]
- [ ]
- [ ]

MEAL PLAN

WORKOUT

WATER ☐ ☐ ☐ ☐ ☐ ☐ ☐ ☐

TIME   APPOINTMENTS

NOTES

DAILY PLANNER

TO-DO

- [ ]
- [ ]
- [ ]
- [ ]
- [ ]
- [ ]
- [ ]
- [ ]
- [ ]
- [ ]
- [ ]
- [ ]
- [ ]
- [ ]
- [ ]
- [ ]
- [ ]
- [ ]

MEAL PLAN

WORKOUT

WATER ☐ ☐ ☐ ☐ ☐ ☐ ☐ ☐

TIME   APPOINTMENTS

NOTES

DAILY PLANNER

DATE

TO-DO

- ☐
- ☐
- ☐
- ☐
- ☐
- ☐
- ☐
- ☐
- ☐
- ☐
- ☐
- ☐
- ☐
- ☐
- ☐
- ☐
- ☐
- ☐
- ☐
- ☐

TIME APPOINTMENTS

MEAL PLAN

WORKOUT

WATER ☐☐☐☐☐☐☐☐

NOTES

DAILY PLANNER

DATE

TO-DO

- [ ]
- [ ]
- [ ]
- [ ]
- [ ]
- [ ]
- [ ]
- [ ]
- [ ]
- [ ]
- [ ]
- [ ]
- [ ]
- [ ]
- [ ]
- [ ]
- [ ]
- [ ]
- [ ]
- [ ]

TIME   APPOINTMENTS

MEAL PLAN

WORKOUT

WATER ☐☐☐☐☐☐☐☐

NOTES

_____

_____

_____

_____

_____

_____

_____

_____

_____

_____

_____

_____

_____

_____

_____

_____

Made in the USA
Monee, IL
03 August 2022